BoD

Titelbild: A. Voss

Allen, die mich ermutigt und unterstützt haben, möchte ich ganz herzlich danken:

Achim, Andrea R., Andrea V., Angelika, Antje, Beate, Birgit, Christa, Christina, Daniel, Detlef, Edith, Elke, Evelin, Gaby, Ginger, Hans, Hiltrud, Ingrid, Katharina, Katja, Norbert, Nicole, Ralf, Renate, Rita, Sonja, Susanne, Udo, Wolfgang, Luna und anderen

0,40 Euro aus jedem 'Blattwerk' - Verkauf sind für gemeinnützige Projekte bestimmt

Manfred Witt

Blattwerk

Verse

aus Versehen

Books on Demand

Bibliografische Information Der Deutschen
Bibliothek:

Die Deutsche Bibliothek verzeichnet diese
Publikation in der Deutschen Nationalbiblio-
grafie; detaillierte bibliografische Daten sind
im Internet über <http://dnb.ddb.de> abrufbar.

'Paulusbriefe' siehe auch:
www.hanebuechlein.de/paulusbriefe

Fotos vom Autor ohne Quellenangabe

Herstellung und Verlag:

Books on Demand GmbH, Norderstedt

ISBN   9783839107447

Einleitung

"Geh', dichte" und "Geh' danken" ...
das klingt wie eine Aufforderung. In einer
schlaflosen Nacht im Herbst 2002 gingen mir
zwei Vierzeiler durch den Kopf – ich stand auf
und notierte sie. Als ich mich wieder hingelegt
hatte, kam mir die Idee zu einem ganzen
Gedicht. Ich stand nochmals auf und schrieb
auch dieses nieder, obwohl ich mich zuvor
kaum für Lyrik interessiert hatte.
Danach versuchte ich zunehmend, Einfälle und
Eindrücke, Ansichten und Aufgaben in
Versform zu verarbeiten. Im folgenden Jahr
eskalierte die Reimflut, und es begann die
Suche nach einer sinnvollen Verwertung. Die
erwies sich jedoch als zunehmend schwieriger,
und so wurden letztlich meine Ideen wieder
weniger (siehe Texte 'a-part' und 'Musenkuss
des Ikarus').
Dieses Lyrik-Heftchen ist der Rückblick auf ein
Phänomen, das mir bis heute rätselhaft blieb.
Es ist auch ein Versuch, Antworten zu finden –
Kritik und Hinweise aller Art sind also durchaus
erwünscht an: er.weiss@web.de.

Gedichte
& Gedanken

Blattwerk

Auf dem Titelbild sieht jeder
eines Vogels weiße Feder:
Losgelöst aus dem Gefieder
schwebte sie zur Erde nieder,
wo sie sich auf Blätter setzte
die zuvor der Tau benetzte.

Doch das Wasser scheint gekommen
wie dem Federkiel entnommen!
So, wie auch gereimte Worte
sich an manchem stillen Orte
auf ein Blatt Papier ergießen
wenn sie aus der Feder fließen.

Gedicht aus 1001 Nacht

Im Garten ist ganz viel zu tun
und kaum die Zeit, sich auszuruh'n.
Noch lehnt der Spaten an der Wand
doch sehnt er sich nach meiner Hand.

Bevor ich durch die Frühlingsdüfte
den Geist und meine Lungen lüfte,
laß ich die Arbeit trotzdem liegen
und geh' mit meinen Träumen fliegen.

So sitz ich also hier im Haus
und denk mir neue Verse aus,
versuche mich an Dantes Kunst
versunken im Gedanken - Dunst.

Hasst dieses Hobby zwar die Hast,
kennt doch das Unkraut keine Rast!
Auch Gras wächst weiter, wartet nicht
aufs Happy - End von dem Gedicht,

und den Salat muss ich noch gießen
bevor er anfängt, scharf zu schießen,
und auch die Tulpen und Narzissen
die werden mich schon sehr vermissen ...

Gleich geht's zum Garten, keine Frage,
noch vor dem Ende aller Tage.
Dann werd' ich, besser heut' als morgen,
zuallererst das Beet versorgen.

Denn eines dürfte sicher sein:
Was ich versäume, holt mich ein.
Noch hab ich heute nichts geschafft,
doch morgen kostet's doppelt Kraft.

So bin ich von Gewissensbissen
geplagt und hin - und hergerissen,
drum eile ich, nach einer Weile –
nur eben noch die nächste Zeile!

Dann geht die Nacht, es graut der Tag.
Auch wenn man es kaum glauben mag,
trotz allergrößter Alltagspflicht
verzichte ich aufs Dichten ...   nicht.

Paulusbriefe I.

Paulus schrieb den Alemannen:
Trinkt aus Tassen statt aus Kannen.

Paulus schrieb den Androiden:
Seid Ihr von uns denn so verschieden ?

Paulus schrieb auch nach Botswana:
Ich 'trämpe' lieber zur Toskana.

Paulus schrieb an die Burgunder:
Wer säuft, erlebt sein blaues Wunder.

Paulus schrieb dereinst nach Delft:
Wer Eure Hilfe braucht, dem helft.

Paulus fragte auch die Flamen
warum sie nie zur Kirche kamen.

Paulus schrieb an die Franzosen:
Bei Durchfall braucht Ihr dichte Hosen.

Paulus riet den Hanseaten
bei Sturmflut nicht durchs Watt zu waten.

Paulus schrieb einst an die Inder:
Bei Euch sind viele Menschen – Kinder!

Paulus schrieb an die Klingonen:
Ihr solltet Eure Klingen schonen.

Paulus schrieb an die Mongolen:
Habt Ihr die Bibel mir gestohlen?

Paulus schrieb den Niederländern:
Ihr müsst die Lieder wieder ändern.

Paulus riet den Oberkrainern
den Oberton noch zu verfeinern.

Paulus schrieb schon an die Serben:
Fürs Sterben werben nur die Erben.

Paulus schrieb' den Skipetaren
(wenn er nur wüsste, wo sie waren).

Paulus schrieb dem Volk zu Suez:
Kannst Du Kanäle graben – tu es!

Paulus schrieb den Westerwäldern:
Was macht Ihr mit den Spendengeldern?

Comedy

Am Abend kam Achim aus Achern
beim Publikum kaum zu acht Lachern ...
Da wirft, um zu feiern,
man einfach mit Eiern –
jetzt kommt es gleich vielfach zu Krachern!

C(l)owboy

Einst machte ein Cowboy aus Kaub
(vom Knallen beim Ballern fast taub)
sich schnell aus dem Staub
und sagte: "Ich glaub',
ich brauch' erstmal Urlaub vom Raub."

Dort traf er den Kalle aus Kall,
der kam über Halle nach Hall
ins schöne Tirol ...
der Cowboy denkt wohl:
"Wie wär's, wenn ich den überfall'?

... klau' Kalle – ich bin halt kein Held
klammheimlich die Börse mit Geld.
Wo ist mein Gepäck?
Mit Kalle – schon weg!?
Wie schlecht ist doch unsere Welt!"

Bier auf Wein ...

Mit Eifer eilt Reiner aus Rheine
zum Rhein – weilt im Reich reifer Weine,
entdeckt dort sehr bald:
der Wein lässt ihn kalt ...
und macht sich zum Bier auf die Beine !

Wo kennt wohl der Wirt sein Verlangen,
muss nie um den Biergeschmack bangen ?
Der ginge verloren
in offenen Rohren ...
drum trinkt man das Bier dort aus Stangen.

Die Stadt lässt dem 'Klüngel' die Leine,
den Karneval liebt sie wie keine.
Gib' acht, denn nur hier,
ist Sprache auch Bier ...
Wer weiß, welche Weltstadt ich meine ?

(Aufklösung S. 60)

Dingsda

Bei Misse - und bei andern Taten
mag mancher sich nicht gern verraten,
versteckt darum sein Angesicht
mit diesem Dings vor Tageslicht.

Im Karneval sieht man die Jecken
ihr wahres Ich damit verdecken,
um ständig Unfug auszuhecken
und brave Bürger zu erschrecken.

Auch vor dem Schauspiel kann man's
                    brauchen
… mit Puder - Pinseln hinzuhauchen
den Ausdruck ins Gesicht des Mimen
vom Kinn bis hinter beide Kiemen.

Die Frau von heute fürchtet Falten,
hofft, ihre Häute fit zu halten,
nimmt dafür Gurken und Tomaten
statt sie zu kochen oder braten.

Noch findet man es in Laboren,
hat man den Ausschnitt auserkoren
für eines Fotos schönsten Flecken –
den Rest gilt's damit abzudecken.

Es schützt vor manchem Gift vom Gase
beim Atmen – das Gesicht, die Nase,
hilft auch, Bewusstsein zu verlieren
muss man Patienten operieren.

Beim Sport benützt man es wie Hauben
die keinem Gegner es erlauben
das Antlitz ernsthaft zu verletzen –
so lernt es mancher Torwart schätzen.

Nur Henry braucht das Dingsda nicht
... beschützt mit Fäusten sein Gesicht,
doch fällt er völlig aus dem Rahmen:
Er trägt es jederzeit im Namen !

(Aufklösung S. 60)

An(ge)sichtssache

Zu jeder fünften Jahreszeit
macht sich statt Frust viel Freude breit,
man feiert – denn fast überall
ist Fastnacht, Fasching, Karneval.

Man kleidet sich in Clown - Kostüme,
fährt Wagen auf wie Ungetüme,
man wirft Kamelle und Konfetti
und beinah' alles ist Paletti.

Mit Schabernack und Spaß und Spott
begegnet man dem Alltagstrott,
lässt alle Fünfe gerade sein
und kehrt in jede Kneipe ein.

Man möchte fröhlich Feste feiern
wie im Oktober bei den Bayern ...
bis Aschermittwoch währt die Wonne
dann kommt der Frohsinn in die Tonne.

Vorbei ist dann das große Glück,
der Katzenjammer kehrt zurück
nach zuviel Bier und Schnaps und Wein
(das Leben kann so grausam sein)!

Dann endet diese Maskerade,
und Viele finden das sehr schade.
Doch andere, die hört man beten:
"Verschont mich bloß mit Faschingsfeten,

... ich bleibe lieber wie ich bin,
mit ungeschminktem Lustgewinn,
denn wie mein wahres Angesicht
passt mir die beste Maske nicht."

Selbst Smilies wahren ihr Gesicht
mal kunterbunt, mal eher schlicht;
sie lachen meist und brauchen nicht
den Karneval – und dies' Gedicht

Lichtblick

Eisigblauer Wintermorgen
lichtet zarten Nebelhauch,
sonnenstrahlbedrängte Sorgen
schwinden bald wie Schall und Rauch.

Reifbedeckte Felderflächen
tauen zaghaft glitzernd auf,
geben leise ein Versprechen:
Frühling nimmt nun seinen Lauf.

Frostgeplagte Menschenglieder
freuen sich an hellem Schein,
lassen Licht und Wärme wieder
zögernd in ihr Herz hinein.

Wo

Wo die wilden Wasser rauschen
tief im trauten Bodetal,
möchte ich den Mythen lauschen
wenn es heißt: "Es war einmal ..."

Wo im Bauch der Harzer Berge
schon seit ewig langer Zeit
Hexen wohnten, und auch Zwerge,
lebt noch die Vergangenheit.

Wo vor Riesen und vor Rittern
um den Brockenberg herum
nicht nur kleine Kinder zittern,
bleibt mein Mund vor Staunen stumm.

Wo man einst mit Draht und Prügel
dieses Land hier zweigeteilt ...
ist der Freiheit starker Flügel
der Gefangenschaft enteilt.

Wo der Wind die Nebel lichtet
über steilem Hügelland,
hab ich manchen Vers gedichtet –
wenn ich denn die Worte fand.

Wo man von des Alltags Sorgen
Abstand sucht und neue Kraft,
finde ich gewiss auch morgen
jene Landschaft "sagen" - haft.

Uhrlaub

Um allen ungeliebten Müh'n
und Alltagssorgen zu entflieh'n,
da träumten wir vom Alpenglüh'n
und wollten in die Berge zieh'n.

Die Tage warm, die Nächte kalt
so neigte sich der Sommer bald
bei unserm Urlaubsaufenthalt
dort in der Schwaben 'Schwarzem Wald'.

Hier hat es scheinbar wenig Last
mit Streß, Terminen, Eile, Hast,
man lebt dem Schicksal angepasst
und schafft mit Fleiß und Ruh' und Rast.

Es drängt und drückt des Tages Drill
dort keinen, der das gar nicht will.
Und klingt dies auch ein wenig schrill:
Die Zeit im Land der Uhr steht still!

Nun hängt ein Kuckuck an der Wand
aus jenem schönen Urlaubsland
und mahnt mich stündlich, penetrant
zur Ruhe, die ich dort gekannt …

Abgrund

Über weiter, grüner Wiese
dort, am Rand von Wald und Feld,
kreisen Flieger in der Brise
unterm blauen Himmelszelt.

Oh wie gerne wollt' ich fliegen
an so manchem Sommertag,
alle Schwerkraft zu besiegen
ohne einen Flügelschlag!

Doch das Segelfluggelände
ist auf Zeit und Sand gebaut,
immer näher kommt sein Ende
das aus jener Grube schaut.

Quarzsand für Keramikrohre
für den Abfluss und Kanal
füllt dort Förderband und Lore,
setzt dem Flugplatz ein Fanal.

Denn schon bald wird dort gegraben
wo zuvor die Startbahn war,
und dann kreisen nur noch Raben
und Gedanken ... unfassbar ...

Heute macht man Abflussrohre
aus dem Kunststoff PVC
und das Quarzwerk schließt die Tore;
Fernweh bleibt - am Baggersee.

Zu hören

Ein Kind kommt in die Stube
und hebt die Stimme dann,
doch sagt die Mutter: "Bube,
zieh' dir erst Schuhe an!"

"Ich wollt' ..." beginnt der Kleine
von neuem seinen Satz –
die Mutter droht: "Ich meine
was ich Dir sag, mein Schatz!"

Verschüchtert geht ihr Junge
als sei er schon verzagt,
weint fast aus voller Lunge
... hätt' sie doch nachgefragt!

Dann fängt er an zu wählen
und ruft um Hilfe an,
drei Ziffern, die er zählen
und sich schon merken kann.

Nach einer kleinen Weile
trifft ein – mit Martinshorn –
die Feuerwehr in Eile
und dämpft des Knaben Zorn.

Das Haus steht hell in Flammen
... fast wäre es kaputt!
Will man das Kind verdammen,
wenn Asche bleibt und Schutt?

Ich sehe was

Ich sehe was, das Du nicht siehst
... ich lebe hinterm Mond,
und wenn Du einmal zu mir ziehst
dann weisst Du, dass es lohnt.

Den Sandmann hab ich oft zu Gast
ist seine Schicht vorbei,
er findet bei mir Ruh und Rast
nach all' der Plackerei.

Frau Luna – meine Nachbarin
ist auch nicht gern allein.
Sie weiß, dass ich noch Single bin
und lädt sich zu mir ein.

Mein Ferienhaus am Kraterrand
hat Aussicht auf das All,
auf Venus, Mars und Vaterland
auf Mutter Erdes Ball,

aufs blaue Wunder, das man dort
schon Tag für Tag erlebt,
das diesen wunderschönen Ort
bald aus den Angeln hebt.

Gar mancher aber merkt noch nicht
wie Fortschritt an ihm frisst,
er prüft und plant mit Zuversicht
was alles machbar ist.

Ich sehe das, was Du nicht siehst,
das sei nochmal betont,
doch jeder, den man zu mir schiesst
trifft nur ... den Mann im Mond.

Paulusbriefe II.

Paulus riet den Altenahrern:
Folget nie den Geisterfahrern.

Paulus schrieb nach Bad Gastein:
Mir fällt für heute kaum was ein.

Paulus schrieb nach Bischofshofen:
Herr Kardinal hat Kammerzofen ??

Paulus schrieb auch mal nach Emden:
Nehmt Fremden nicht die letzten Hemden.

Paulus schrieb nach Edenkoben:
Auch Reben lieben Licht von oben.

Paulus schrieb nach Fallingbostel:
Kennt Ihr noch alle die Apostel ?

Paulus schrieb zurück nach Jülich:
Ich komm zum Essen – und dann spül' ich !

Paulus schrieb auch an die Kölner:
Ihr seid ja schlimmer als die Zöllner !

Paulus schrieb an Adenauer:
Auf Dauer sind die Bauern schlauer.

Paulus schrieb an Uri Geller:
Die Gabel bleibt auf meinem Teller !

Paulus schrieb einst einem Goten:
Was Du da treibst, hat Gott verboten.

Paulus schrieb dem lieben Gott
'ne Karte aus dem Kohlenpott.

Paulus schrieb Marie Huana:
Ich finde nichts ! Wo ist Nirwana ??

Paulus schrieb dem Minnesänger
sein Binnenreim sei innen länger.

Paulus riet dem Osterhasen
nie Kunststoff - Rasen abzugrasen.

Paulus schrieb dem Spitzenreiter:
Mit mir am Start wärst Du nur Zweiter.

Paulus schrleb Tlmotheus:
Mit dem Schreiben mach' ich Schluss.

Foto: D. Lingen

Vom Winde verweht

Bei unsrer Stadt da ist ein Feld
das wirkt, als würd' es nicht bestellt,
denn zwischen all' den Erdenkrumen
gibt's furchtbar viele Pusteblumen.

Es sieht so aus, als sei es Schnee
wenn ich auf diese Blumen seh':
das sind Milliarden – nicht Millionen
die dort auf dieser Wiese wohnen.

Doch ihre Kinder zieh'n vom Feld
bald weit hinaus in alle Welt.
Vom Sturm des Lebens weggetrieben
sind hier nur wenige geblieben.

Die andern suchen großes Glück
und kehren kaum dorthin zurück
an diesen Platz im Paradiese,
die wundersame, weiße Wiese.

Dass sie vergessen wie es kam
und alles seinen Anfang nahm,
macht die Vergangenheit zunichte:
das ist das Ende der Geschichte.

warte – zeit

ohn' mächtige entschlossenheit
treibt lebenslicht durch raum und zeit

vergessen wurde wie es kam
als der verstand den glauben nahm

vertrauen ist von furcht gequält
daß etwas fehlt was wirklich zählt

die zuversicht wird zu verzicht
das dasein degradiert zur pflicht

es gibt unendlich viel zu tun
im grab erst zeit sich auszuruhn

man möchte manchmal pause machen
sich finden zwischen sieben sachen

für heute ist es schon zu spät
mal sehn ob's morgen besser geht

doch bringt des neuen tages ende
der selbsterkenntnis keine wende

der vorsatz für das neue jahr
verführt zum trau-mich-nicht-altar

so rast es rastlos, chancen schwinden
im leben ziel und sinn zu finden

vielmehr kommt er – der letzte tag,
viel eher als man glauben mag

zu spät dies leben zu ergründen
und andre wege, die bestünden

im zug der zeit zu lang verharrt
die zukunft war stets gegen "wart'!"

Stein der Weisen

Mein Freund, wie geht's
der Weisen Stein?
Du suchtest stets
nur ihn allein.

Das Glück blieb rar
ließ Dich in Ruh',
die Wunder - Bar
war wohl schon zu?

Kolumbus' Ei,
Dein Traum – kaputt,
er brach entzwei
und blieb nur Schutt!

Dir wird nun klar:
Dein Sein war Schein,
ist viel zu wahr
um schön zu sein.

Vorbei im Nu
ist auch Dein Mut,
und bald hast Du
im Bauch nur Wut.

Wird einerlei
Dir alles hier,
dass Du – verzeih'
ersäufst im Bier?

Nur Moll statt Dur,
die Zukunft futsch?
Stellst Du Dich stur,
dann … guten Rutsch!

Und die Moral
von dem Gedicht?
– Es gibt den Gral
– Du brauchst ihn nicht!

Dir fehlt doch nur
das Elixier:
ein Leben "pur"
im Jetzt und Hier.

Das fünfte Element

Wie die Flamme durch das Feuer
Licht und Wärme neu entfacht,
gleicht es einem Abenteuer
wenn dies Element erwacht.

Wie die Erde ihre Erben
zu des Lebens Lust verführt,
will das Element uns werben
wenn es unser Herz berührt.

Wie die Luft in leere Lungen
neue Lebensgeister lenkt,
wird ein Element besungen
das uns allen Atem schenkt.

Wie das Wasser allen Wesen
ihren Durst bei Dürre stillt,
lässt dies Element genesen
wen es neu mit Kraft erfüllt.

Wie die Liebe
    ... dieses Lebens
Quelle und Erfüllung ist,
lebt so mancher es vergebens
der dies Element vergisst.

Das letzte Hemd

Das letzte Hemd hat keine Taschen
für Wermut - und Champagnerflaschen,
es ist für alle Welt das gleiche
für Arme ebenso wie Reiche.

Das letzte Hemd hat keine Wappen,
Medaillen, Orden, Schulterklappen,
es braucht auch weder Schlips noch Kragen
und nach der Mode nicht zu fragen.

Das letzte Hemd lässt jeden walten
und dieses Dasein selbst gestalten,
es ignoriert Gesellschaftsklassen
und stört sich nicht an ihren Rassen.

Das letzte Hemd liebt seine Feinde
... in der Gesellschaft und Gemeinde
hat es auch jeden Streit gemieden
und ruht darum in tiefem Frieden.

Das letzte Hemd markiert die Wende
zum Anfang an des Lebens Ende
und wird den Wechsel wohl verkraften
dank seiner guten Eigenschaften.

Wozu

Wir wurden in das Leben
von langer Hand gestellt,
in göttlichen Geweben -
wie aus dem Ei gepellt.

Genug war uns gegeben
es hat an nichts gefehlt,
und doch sind wir daneben
von manchem Wunsch beseelt.

Denn ständig gibt es eben
noch mehr was uns gefällt
und dann, wie Käfigstreben,
in Gier gefangenhält.

Den starken Gitterstäben
des Wohlstands dieser Welt,
sind Mauern, Zaun und Gräben
zum Schutz hinzugesellt.

Wozu dient all' das Streben,
die Jagd nach Gut und Geld,
als ob uns dieses Leben
um irgendetwas prellt?

Zerreisst die Spinnenweben,
aus Schneckenhäusern schnellt,
lasst uns den Geist erheben
bevor der Vorhang fällt,

... statt Angst ums Überleben
die unsern Alltag quält,
will uns das Glück umgeben
des Augenblicks, der zählt !

Du

Du bist so unvorstellbar groß …
das Leben kommt aus Deinem Schoß;
mit Pflanzen, Tieren – groß und klein,
stellst Du uns in die Welt hinein.

Du bist so unvorstellbar klein …
hauchst jedem Samen Leben ein,
der sich vermehrt dank Deiner Kraft
die immer neues Leben schafft.

Du bist so unvorstellbar schnell …
noch mehr als Blitze, strahlend hell.
Was nötig ist hast Du geschenkt
noch ehe jemand daran denkt.

Du bist so unvorstellbar schlau …
und kennst die Wahrheit ganz genau,
schaust tief in jedes Herz hinein
und klärst es auf mit Deinem Sein.

Du bist so unvorstellbar stark …
holst selbst die Toten aus dem Sarg
damit am allerletzten Tag
kein müder Mensch verschlafen mag.

Du bist so unvorstellbar gut …
weil Deine Liebe alles tut,
mit Deinem riesig weiten Herz
heilst Du auch unsern größten Schmerz.

Du bist so unvorstellbar jung …
Du lebst und liebst und gibst uns Schwung.
Du bist das Lied, dass in uns klingt
und diese Welt zusammenbringt.

Du bist so unvorstellbar alt …
ein Echo, dass auf ewig schallt,
ein Wort, dass niemals mehr vergeht
bis jeder von uns vor Dir steht.

Dein letztes Hemd

Dein letztes Hemd, Dein ganzes Leben
hast Du für uns dahin gegeben.
Es lässt uns Deine Liebe spüren
und soll uns wieder zu Dir führen.

Dein letztes Hemd ist uns geblieben
und lehrt uns, so wie Du zu lieben
... im Glauben an ein Wiedersehen
den gleichen Weg wie Du zu gehen.

Dein letztes Hemd lässt Jeden hoffen:
das Tor zu Eden steht uns offen
wenn wir, statt nur 'a - Dieu' zu sagen,
Dein Totenhemd als Taufkleid tragen.

Denn jenes Hemd hat uns geschworen:
Wir werden neu mit Dir geboren,
wenn wir mit ihm die Schuld begleichen
so werden alle Schatten weichen.

Traumlos

Wer hat den Glauben aufgegeben
ans Sterben nach dem Erdenstreben
und hofft, dass hinter Himmelstüren
mehr Leben ist, als wir es spüren?

Womöglich plagt ihn nun die Frage
die ich hier kaum zu stellen wage,
ob man auch so, wie nach dem Grabe
ein Leben 'vor der Wiege' habe.

Wer weiß, wo cirka mit 2 Jahren
sein Geist und die Gedanken waren,
der kann vielleicht auf solche Fragen
als Antwort uns die Wahrheit sagen.

Ist man vielleicht hierher gekommen
und hat als Vorsatz mitgenommen,
beständig seinen Traum zu leben
und ihn nie wieder aufzugeben?

Auch wenn Du meinst, es lohnt sich kaum
... so wie man sagt, er sei nur Schaum:
Vertraust Du fest auf Deinen Traum,
dann trägt er Dich durch Zeit und Raum!

Paulusbriefe III.

Paulus schrieb Timotheus:
Ich schreib weiter … weil ich muss.

Paulus schrieb den Analysten,
dass sie den Mammon meiden müssten.

Paulus schrieb den Atheisten
ob sie den Herrn noch nicht vermissten.

Paulus schrieb an die Erwählten:
Ach wenn doch mehr noch zu uns zählten !

Paulus schrieb den Kammerdienern:
Ihr müsst mal Eure Kammer wienern.

Paulus schrieb an die Kanuten:
Ihr sollt nicht fremde Boote fluten.

Paulus schrieb den Kleintierzüchtern:
Das Großwild scheint Euch einzuschüchtern.

Paulus schrieb den Klosterfrauen:
Melissen - Geistern könnt Ihr trauen.

Paulus schrieb an die, die lieben:
Wird 'knaatschen' jetzt mit 'u' geschrieben?

Paulus schrieb den Luftpiraten:
Entführt doch lieber Zinnsoldaten.

Paulus schrieb den Männerchören:
Ob Gören auf Tenöre hören?

Paulus schrieb den Meistersingern:
Esst nie mit Kleister an den Fingern.

Paulus bat schon die Mormonen:
Mit Sekten sollt Ihr mich verschonen.

Paulus schrieb den Narrelesen:
Ihr meint, es wär Fast Nacht gewesen?

Paulus riet den Pharisäern
sich wahrem Glauben anzunähern.

Paulus riet den Tintenfischen:
Mit Bleistift kann Euch nichts verwischen!

Paulus schrieb den sleben Zwergen:
Vergesst Schneewittchen nicht zu bergen.

Musenkuss des Ikarus

Einmal, einst traf ich die Muse
eben erst von ihr geküsst,
ob das Schicksal, dies konfuse,
sie mir aufzuklären wüsst'.

Sie gab Blattwerk in die Hände,
fordernd: 'Nicht so schüchtern, Mann!'
... dennoch ging schon bald zu Ende
was gerade erst begann.

Sah' statt Wald nur lauter Bäume
die entschwanden, Stück für Stück,
wie die Räume – für der Träume
ungetrübtes, wahres Glück.

Denn wie Ikarus beim Fliegen
wollte ich gleich allzu viel,
doch auf Brechen und mit Biegen
kommen Träume nie ans Ziel.

Sieh' – mir triefen Tintentropfen
nun wie Tränen aufs Papier!
Und im Kopf die Fragen klopfen:
Wozu dient das alles hier?

Lieder &

anderssprachige

Lyrik

Lausiger Rap

’Ne Maus hüpft in das Haus
und fragt: "Ist hier die Laus?"

Die Katze meint: "Oh nein –
vielleicht ist sie beim Schwein."

Da läuft die Maus zum Stall
und sucht dort überall ...

kommt schließlich zu der Kuh
und stöhnt: "Hallo, weißt Du,

... wo meine Freundin ist?
Sie wird schon lang vermisst!"

Die Kuh rät: "Such' die Spur
der Laus in Wald und Flur!"

Da wird's der Maus zu bunt,
sie rennt hinaus zum Hund

und keucht: "Verrate mir –
ist meine Laus bei Dir?"

Der Hund verneint spontan:
"Versuch' es mal beim Hahn!"

"Nein," kräht das Federvieh,
"so findest Du sie nie ...

schau doch mal eben, schnell:
Sitzt sie in Deinem Fell?"

Die Maus seufzt: "In der Tat,
das war ein guter Rat –

da ist ja meine Laus ...
drum ist das Lied jetzt aus!"

Frauminsch hingerm Stüer

De Mama hätt att lang de Droum
vum Cabrio mett Kofferroum
un Platz för Papa un de Pänz –
se führ su jään ens noh Florenz.

Su kohm d'r Daach, un Mama jing
z'r Fahrschull för de Föhrersching.
Mett Möh mäht se de Theorie
un Papa lästert: "Datt klapp nie!"

Leev Lück, jetz stellt üsch datt ens vür
do setz en Frauminsch hingerm Stüer,
un dobäi wäiß doch jeder Mann
wer besser Auto fahre kann!

Att veezisch Fahrstund sinn vorbäi,
d'r Lehrer denk: 'O wei, o wei!
Un noch ens vür – e Stöck zoröck,
en Parklöck trifft se nur mett Jlöck'.

Bäim drette Mool, noh knapp zwäi Johr
do säht d'r Pröfer "Alles klor!"
Se kritt d'r Lappe – schwäißjebaadt,
un Papa rauf sisch att sing Plaat:

Leev Lück, jetz stellt üsch datt ens vür
do setz en Frauminsch hingerm Stüer,
un dobäi wäiß doch jeder Mann
wer besser Auto fahre kann!

Dann fiere se de Föhrersching
de Mamm mett Saff, d'r Papp drink Wing.
Hä trout d'r Mamm noch immer nit
un säht zo ihr: "Isch bin noch fit!"...

drum jivv hä Jas un staunt nit schlääch
d'r Boum, d'r stund direck em Wääch.
Z'm Jlöck ess käinem jett passeet –
jetz root ens, wer z'r Fahrschull jeeht!

Leev Lück, jetz stellt üsch datt ens vür
do setz en Frauminsch hingerm Stüer,
un dobäi wäiß doch jedermann
wer besser Auto fahre kann!

Em Tanzlokal

(Strophen - Melodie "Skandal um Rosi"
von Spider Murphy Gang)

Si Lääve lang hätt hä malooch,
koum äine hätt noh imm jefroch
doch kühme däit hä dennoch nit
denn singe Fruhsenn häld inn fit.

Sing Pänz sinn lang nit mie ze Huss
jetz well si Temp'rament eruss
denn do, wo m'r et Danzbein schwingk
do föhlt hä sisch total verjüngk

Un keene Danz ess imm ze flott
do danz hä wie ne junge Jott –

    Zum Danzlokal noh Dellbrück
    do träck et all de Fraulück
    vun hee un hallv Europa
    för äine Danz mett Opa !

Hä danz mett äschter Leidenschaff
als koss et övverhaup käi Kraff
mett Mambo, Tango, Rock 'n Roll
mäht hä de Fraulück raderdoll ...

kritt käine Korf – hä ess d'r Hahn
inn himmele de Höhner aan,
un wann hä su sing Höff beweech
hätt hä ihr Hätz em Sturm beseech

Un keene Danz ess imm ze flott
do danz hä wie ne junge Jott –

    Zum Danzlokal noh Dellbrück
    do träck et all de Fraulück
    vun hee un hallv Europa
    för äine Danz mett Opa!

Un klappert hä mett demm Jebess
kritt hä de Droumfrau janz jewess,
denn noh demm Danz ... dach-äin, dach-uss
schlepp hä se aff, ze sisch noh Huss ...

wo hä dann säht "Hee ess et nett
kumm zo m'r en et Dubbelbett,
sick dräiundrissisch lange Johr
do ess datt äine sunneklohr:

Et Schloofjemaach ess _di_ Reveer,
m'r maache dursch bess fröh öm vier!"

    Em Danzlokal in Dellbrück
    do stonn de Janze Fraulück
    un falle en et Koma:
    Denn Opa will nur – **OMA** !!!

Em kleine Kino

(Melodie "Über den Wolken" von Reinhard Mey)

Wochenend em Capitol
Werbung dröhnt uss alle Ecke.
Wenn dä Iismann kütt – dann hol
isch janz schnell noch jet ze schlecke.
Nää, watt bin isch opjerääch ...
un isch kann mich kaum beweeje,
denn ming Knie, die weede wäich,
jlisch dääste disch zäije:

Em kleene Kino
sitz isch hück in der hingerschte Reih' ...
denn noo dir bin isch völlisch verröck
för mich bess du d'r Schlössel zum Jlöck,
un isch wünsch du wörs för immer bei mir
... doch wie saach isch et dir?

Un dann – plötzlich – seehn isch disch
minge Puls fänk aan ze poche,
un so övverkütt et misch
schon sick zwäi un zwanzich Woche.
Un dann zwinkers du m'r zo
met verführerischem Laache,
un isch dräum vum Rendezvous ...
dann loss m'r et krache!

Em kleene Kino
sitz isch hück in der hingerschte Reih' ...
denn noo dir bin isch völlisch verröck
för mich bess du d'r Schlössel zum Jlöck,
un isch wünsch du wörs för immer bei mir
... doch wie saach isch et dir?

Minge Draum jäit nie vorbäi,
isch kenn all ding Melodrame
un isch han di Konterfei
övverm Bett im Bilderrahme.
Davon kriss Du jarnix mit
unerfüllt sinn all ming Triebe
einfach is dat wirklisch nit
Ene Filmschtar ze liebe ...

Em kleene Kino
sitz isch hück in der hingerschte Reih' ...
denn noo dir bin isch völlisch verröck
för mich bess du d'r Schlössel zum Jlöck,
un isch wünsch du wörs för immer bei mir
... doch wie saach isch et dir?

Widows of the War
(Melodie "Willows on the water" von Enya)

Night of knights in no - man's - land,
harm and quarrel – hardly quarter,
'eye for an eye' in high command,
still extending crime
till the end of time …

Who will fend for fatherland,
lonely damsel, only daughter ?
At the fallen's monument,
people in their prime
'dining' on a dime,
sleeping in the slime
till the end of time …

Who can find the Promised Land
in this slavery of slaughter ?
Will be sent enlightenment
by the love's divine
everlasting shine
and its endless chime
till the end of time ?

Hold my hand and understand
as those widows of the world war:
Any friend is heaven - sent
where all rivers rhyme
… in the end of time.

Once

And I once had a dream
of a world without steam
with no trouble and fight
only love and delight.

And I trust in that dream
when we work as a team
and when times will be rough
there's a beam from above.

And I pray for this dream
that may steadily stream
and shall lead to the sea
where the spirit is free.

Some day

Some day a star for You is shining
when sigh and sorrow stay behind,
when faith and fortune are aligning
and all Your odds are looking kind.

One day Your dreams 'n deeds are rhyming
when doubt and darkness drift apart,
when hope, with happiness, is chiming
and heavens open in Your heart.

That day Your starlight may be rising
when pain and problems pass away,
when love and life are sympathizing
and maybe … let this be today.

A - part

Since we're apart
I feel alone,
my soul and heart
as hard as stone.

Je me sens seul
… tu es parti,
mon âme est veule,
comme cœur, aussi.

Fühl' mich allein
denn Du bist fort,
mein Herz wie Stein
… ein leerer Ort.

Where are the times
I knew so well,
where are the rhymes
which heal of hell ?

Ou sont les temps
qui j'ai connu,
les mots rimants
qui calment le plus ?

Wo ist die Zeit
die ich gekannt,
als Last und Leid
im Reim gebannt ?

Auflösung

von Seite 17 - 19:

Weltstadt: 'Köln'

Dingsda: 'Maske'